PASQUA

IMPARA A USARE LE FORBICI

LIBRO DELLE ATTIVITÀ PER BAMBINI
2-5 ANNI

Grazie per il tuo acquisto

Quale immagine viene dopo?
Colorare, tagliare e incollare

QUALE IMMAGINE VIENE DOPO?
COLORARE, TAGLIARE E INCOLLARE

Quale immagine viene dopo?
Colorare, tagliare e incollare

Quale immagine viene dopo? Colorare, tagliare e incollare

Quale immagine viene dopo? Colorare, tagliare e incollare

COLORA, TAGLIA E INCOLLA NELLA CASELLA CORRETTA

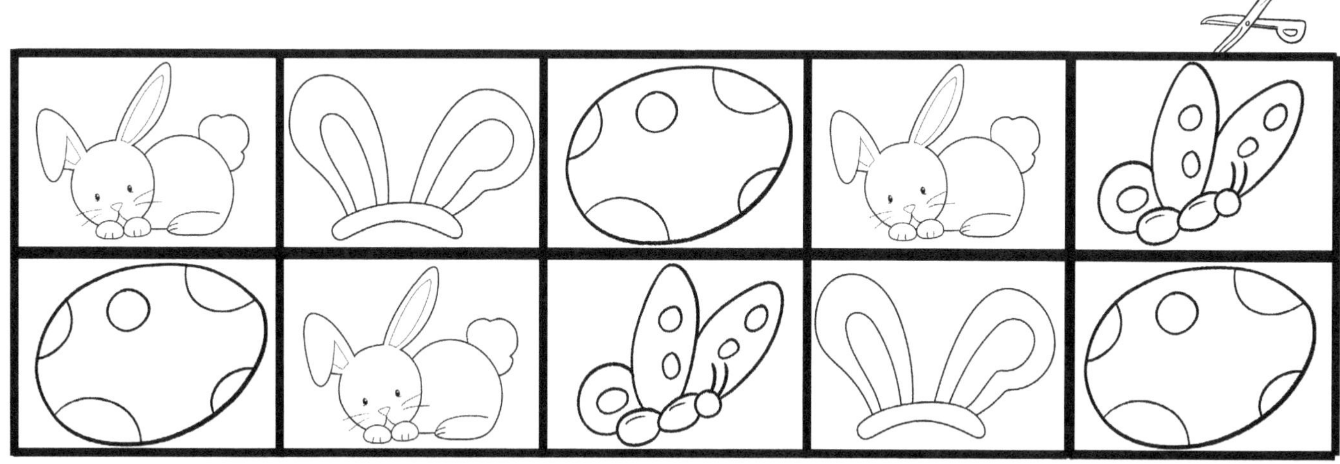

COLORA, TAGLIA E INCOLLA NELLA CASELLA CORRETTA

COLORA, TAGLIA E INCOLLA NELLA CASELLA CORRETTA

COLORA, TAGLIA E INCOLLA NELLA CASELLA CORRETTA

COLORA, TAGLIA E INCOLLA NELLA CASELLA CORRETTA

COLORARE, TAGLIARE E INCOLLARE IL NUMERO GIUSTO

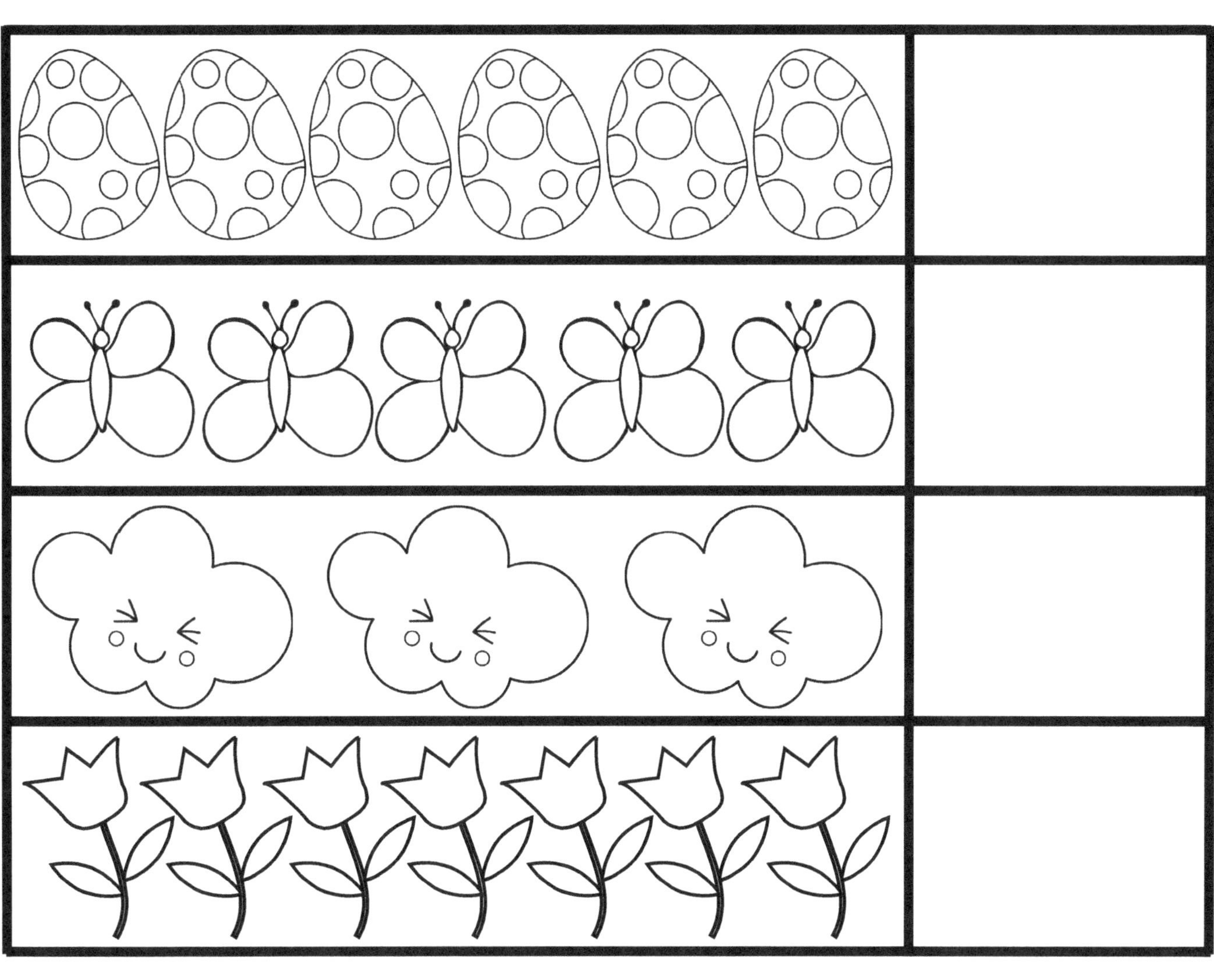

3	6	7	5

COLORARE, TAGLIARE E INCOLLARE IL NUMERO GIUSTO

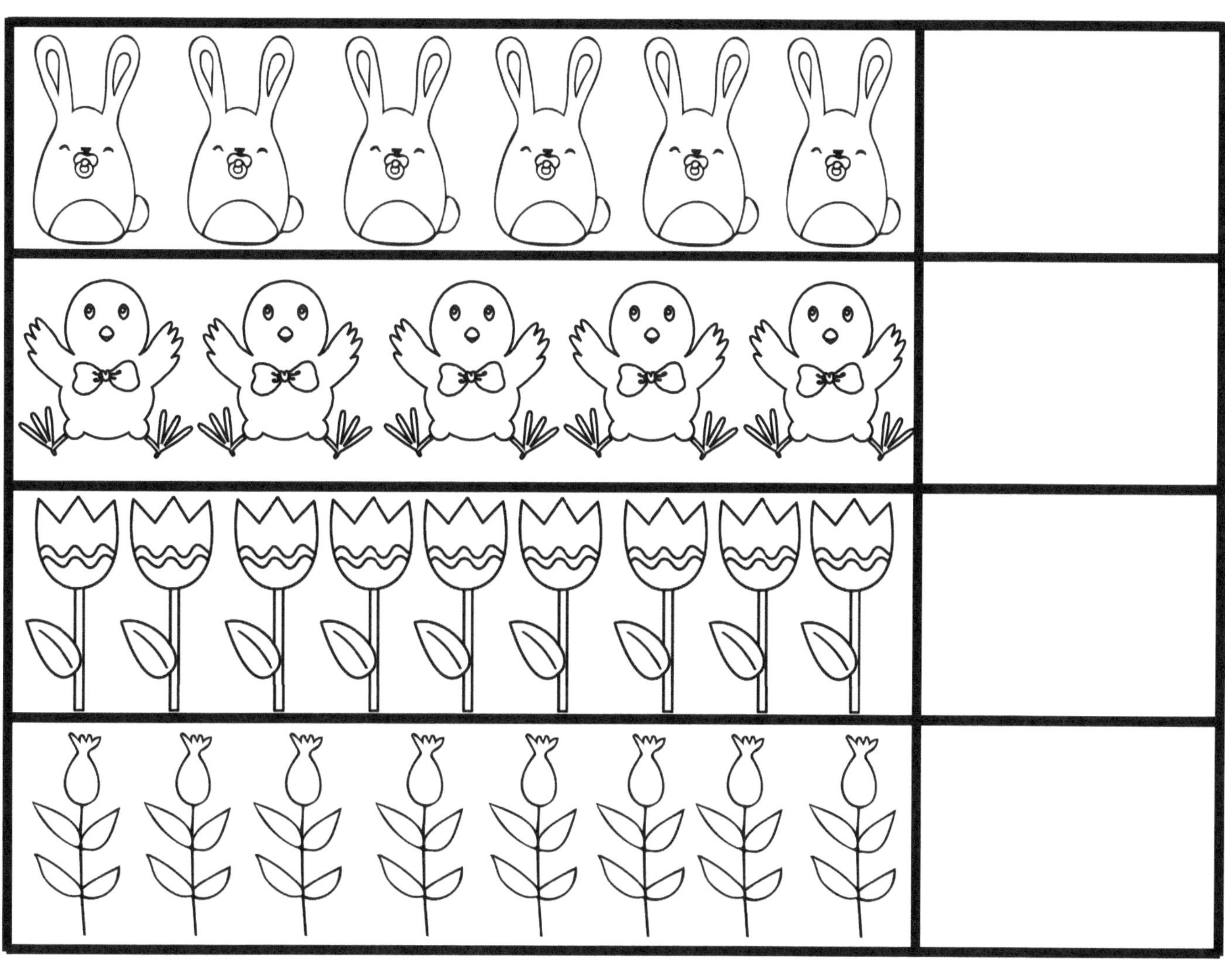

8	6	9	5

COLORARE, TAGLIARE E INCOLLARE IL NUMERO GIUSTO

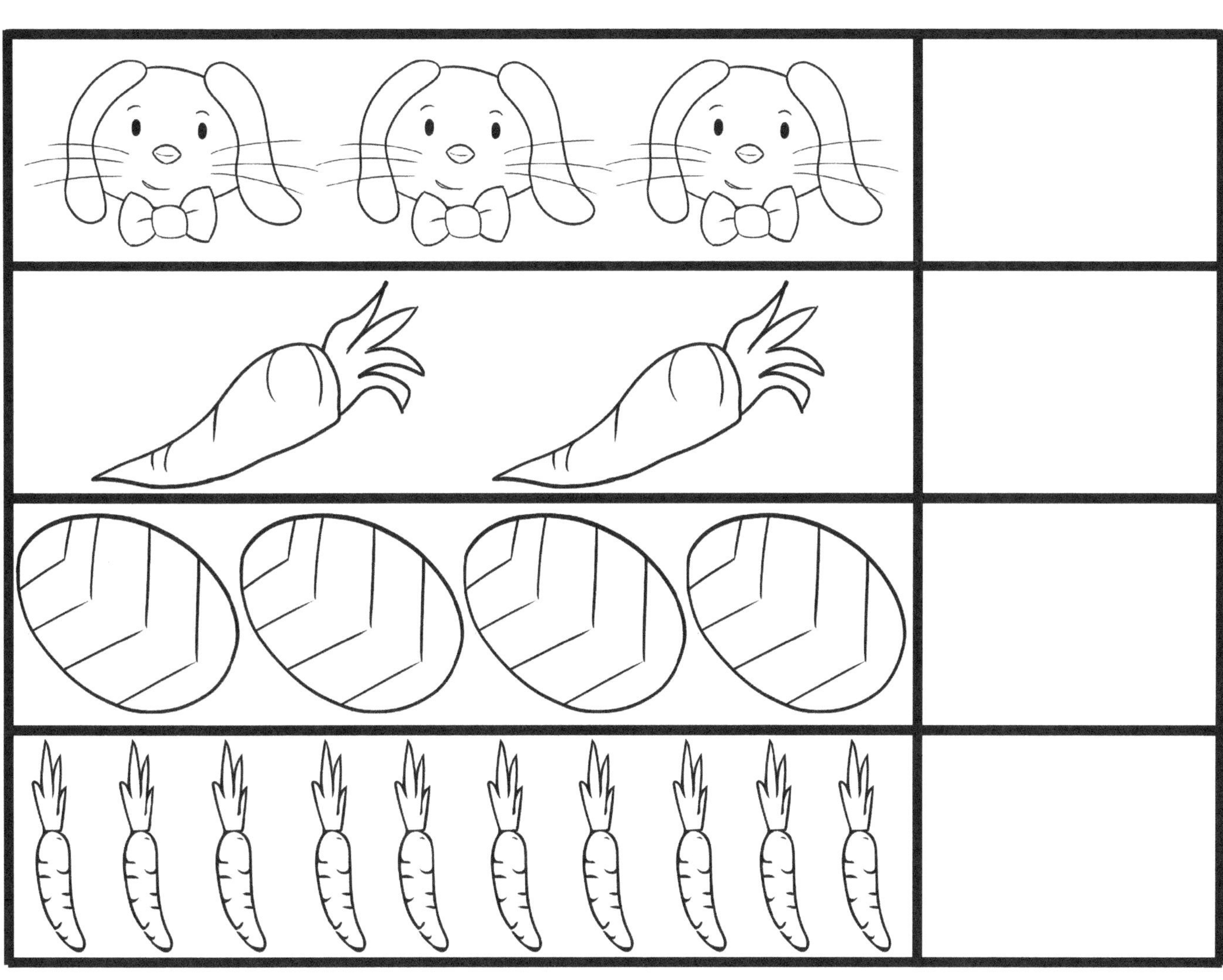

2	3	10	4

Colorare, tagliare e incollare il numero giusto

4	8	5	7

COLORARE, TAGLIARE E INCOLLARE IL NUMERO GIUSTO

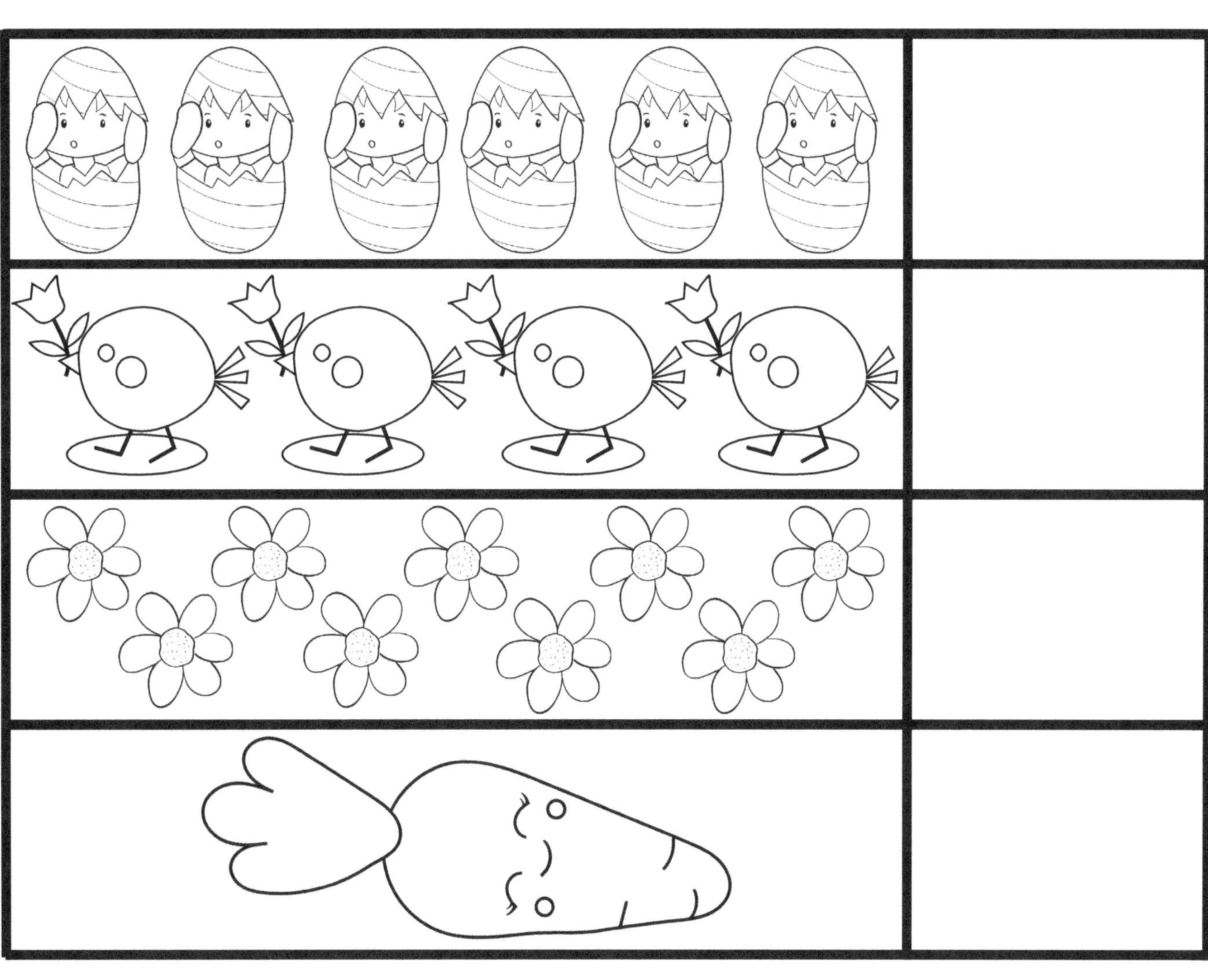

1	9	6	4

TAGLIO

PASTA E COLORE

TAGLIO

PASTA E COLORE

TAGLIO

PASTA E COLORE

TAGLIO

PASTA E COLORE

TAGLIO

PASTA E COLORE

COLORE E TAGLIO

COLORE E TAGLIO

COLORE E TAGLIO

COLORE E TAGLIO

COLORE E TAGLIO

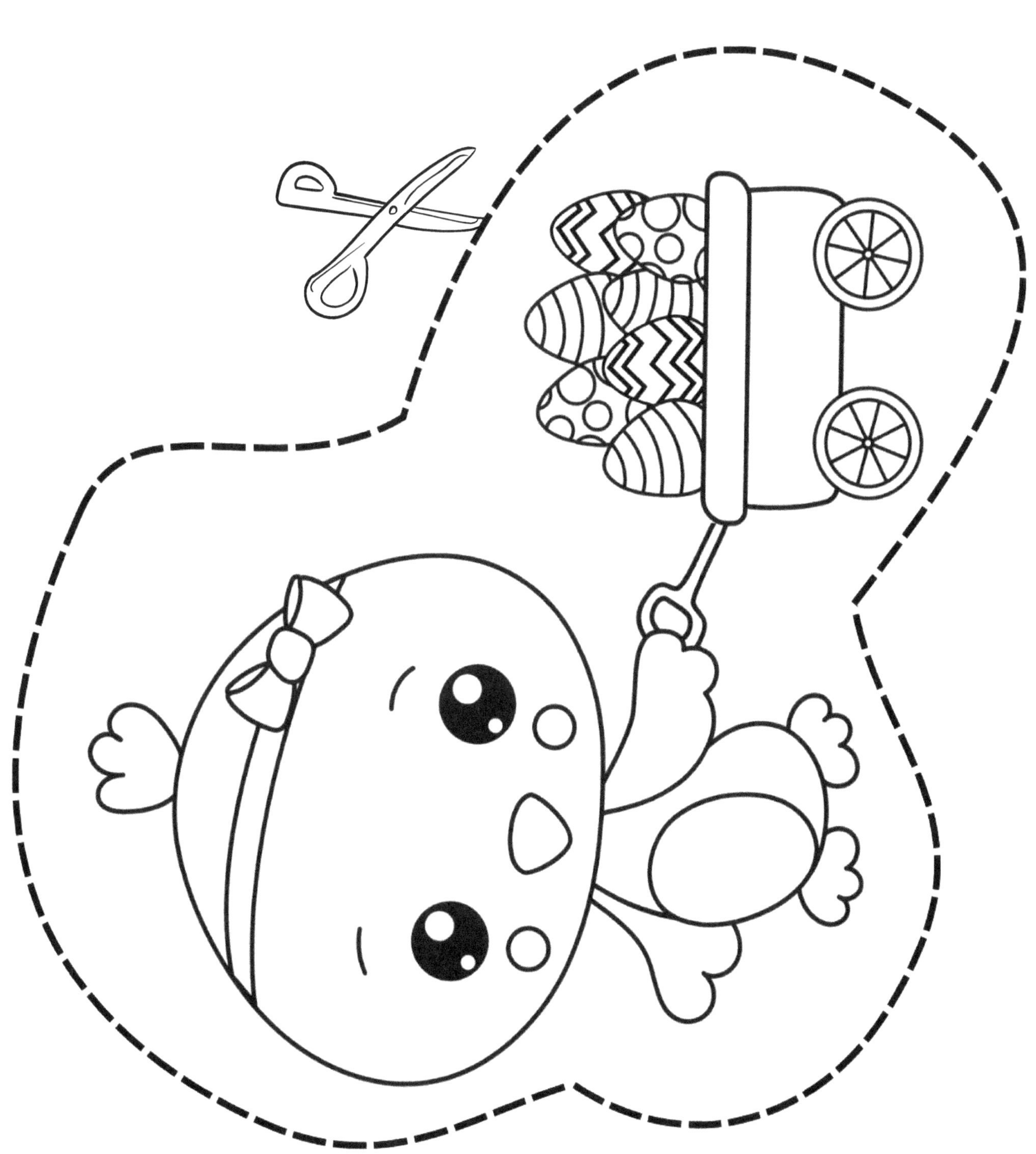

LE RECENSIONI SONO MOLTO IMPORTANTI

TI PREGHIAMO DI DEDICARE SOLO 1 MINUTO A SCRIVERE UNA RECENSIONE

HTTPS://WWW.AMAZON.IT/REVIEW/REVIEW-YOUR-PURCHASES/

CONTROLLA I NOSTRI ALTRI PRODOTTI

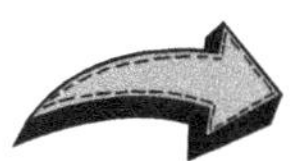

www.ingramcontent.com/pod-product-compliance
Lightning Source LLC
LaVergne TN
LVHW082258150826
845677LV00009B/1654

* 9 7 9 8 7 2 6 4 4 0 4 8 4 *